Liderazgo

Poderosas Habilidades De Liderazgo Para Influir Y Mejorar La Comunicación

(Aprender a motivar, Influencia, plomo e impulsar ... equipo de manera correcta")

Alsan Tello

Publicado Por Daniel Heath

© **Alsan Tello**

Todos los derechos reservados

Liderazgo: Poderosas Habilidades De Liderazgo Para Influir Y Mejorar La Comunicación (Aprender a motivar, Influencia, plomo e impulsar ... equipo de manera correcta")

ISBN 978-1-989808-33-7

Este documento está orientado a proporcionar información exacta y confiable con respecto al tema y asunto que trata. La publicación se vende con la idea de que el editor no esté obligado a prestar contabilidad, permitida oficialmente, u otros servicios cualificados. Si se necesita asesoramiento, legal o profesional, debería solicitar a una persona con experiencia en la profesión.

Desde una Declaración de Principios aceptada y aprobada tanto por un comité de la American Bar Association (el Colegio de Abogados de Estados Unidos) como por un comité de editores y asociaciones.

No se permite la reproducción, duplicado o transmisión de cualquier parte de este documento en cualquier medio electrónico o formato impreso. Se prohíbe de forma estricta la grabación de esta publicación así como tampoco se permite cualquier almacenamiento de este documento sin permiso escrito del editor. Todos los derechos reservados.

Se establece que la información que contiene este documento es veraz y coherente, ya que cualquier responsabilidad, en términos de falta de atención o de otro tipo, por el uso o abuso de cualquier política, proceso o dirección contenida en este documento será responsabilidad exclusiva y absoluta del lector receptor. Bajo ninguna circunstancia se hará responsable o culpable de forma legal al editor por cualquier reparación, daños o pérdida monetaria debido a la información aquí contenida, ya sea de forma directa o indirectamente.

Los respectivos autores son propietarios de todos los derechos de autor que no están en posesión del editor.

La información aquí contenida se ofrece únicamente con fines informativos y, como tal, es universal. La presentación de la información se realiza sin contrato ni ningún tipo de garantía.

Las marcas registradas utilizadas son sin ningún tipo de consentimiento y la publicación de la marca registrada es sin el permiso o respaldo del propietario de esta. Todas las marcas registradas y demás marcas incluidas en este libro son solo para fines de aclaración y son propiedad de los mismos propietarios, no están afiliadas a este documento.

TABLA DE CONTENIDO

Parte 1 8

Capítulo 1: ¿Qué Es Liderazgo? 9

CONOZCA A SU EQUIPO... 9
TOME DECISIONES OPORTUNAS 11
COMUNICAR LA "INTENCIÓN ESTRATÉGICA" 14
MANTÉNGASE ENFOCADO EN LA MISIÓN 16

Capítulo 2: Innovando El Liderazgo 19

PASOS HACIA LA RENTABILIDAD.. 21

Capítulo 3: Mejore Sus Habilidades De Comunicación Para Un Liderazgo Efectivo 31

Capítulo 4: Mejore Su Inteligencia Social 36

Capítulo 5: Alcance Objetivos Con Reuniones Estratégicas 40

Capítulo 6: Manejando El Cambio Efectivamente 45

ELIMINAR LA NEGATIVIDAD 46
PREPARARSE PARA LOS CAMBIOS... 46
CANALICE SU ENERGÍA 47
LA GESTIÓN DEL CAMBIO INCLUYE SUPERAR EL MIEDO 48

Capítulo 7: Establezca Y Alcance Sus Objetivos 51

Capítulo 8: Construir Relaciones De Empleados 55

EL DESAFÍO 55
¿CÓMO HACERLO?.. 56

Capítulo 9: Métodos Para Un Liderazgo De Equipo Eficaz .. 58

Capítulo 10: Delegar Y Hacer El Trabajo 62

Conclusión 66

Parte 2 67

Introducción 68

Capítulo 2 72

Liderazgo A Través De Las Eras 72

Capítulo 3 76

Las Cualidades De Un Gran Líder 76

Capítulo 4 86

¿Quién Es Un Líder Innato? 86

Capítulo 5 91

¿Puede Cualquiera Convertirse En Líder? 91

Capítulo 6 95

Preparándote Para El Liderazgo 95

Capítulo 7 102

Desarrollando Las Habilidades De Un Líder 102

Conclusión 108

Parte 1

Capítulo 1: ¿Qué es liderazgo?

Si usted reúne a mucha gente, obtendrá diferentes opiniones y comentarios. A menudo escuchará que los líderes nacen y no se pueden crear. Creo que esta es una gran falacia en cuanto a la idea de desarrollar un líder. Los militares y, en menor medida, las empresas han estado desarrollando líderes durante años. Me gusta la definición del Ejército de los Estados Unidos, su definición de liderazgo es:

"El liderazgo es influir en las personas proporcionándoles propósito, dirección y motivación mientras se opera para cumplir la misión y mejorar la organización".

Conozca a su equipo

La importancia de conocer a las personas bajo nuestro liderazgo estaba arraigada en nuestras tareas diarias. Era necesario saber todo sobre nuestra gente. Si fuera un líder de escuadrón, debía saber la información sobre las 6 a 8 personas en mi

Escuadrón, como Sargento de Pelotón tenía que conocer a las aproximadamente 60 personas de mi pelotón. Si uno de mis superiores me preguntaba por alguno de mi equipo, tenía que saber la respuesta a su pregunta.

Para asegurarnos de que pudiéramos responder a estas preguntas, se nos alentó a mantener un "pequeño Libro Verde" con los datos pertinentes de nuestra gente, es decir, el nombre de la esposa, los hijos, las fechas importantes (bodas, cumpleaños, etc.), fortalezas, debilidades, etc. Necesitábamos conocer a nuestra gente.

Tras pasar por este proceso para obtener esta información, luego de entrevistar a todos los nuevos miembros del equipo cuando fueron asignados, aprendí mucho sobre mi equipo, incluso cuando tenía un pelotón de 60 personas. Como resultado de este esfuerzo, pude tomar decisiones más rápidas, mejores y más oportunas, asegurándome de que el equipo pudiera cumplir nuestra misión. Pude tener éxito porque podía maximizar su éxito utilizando sus fortalezas. También continué desarrollando un equipo más fuerte llevando a cabo la capacitación adecuada para minimizar o eliminar sus debilidades conocidas. Esto me permitió ayudar a cada persona a desarrollar las habilidades que necesitaban para tener éxito en sus carreras, ya que estaban listos para asumir más responsabilidades.

En un entorno corporativo, es posible que no necesite el mismo nivel de detalle sobre las personas que dirige, pero debe saber todo lo que pueda sin invadir su privacidad. Especialmente necesitará entender sus metas y aspiraciones, así como sus fortalezas y debilidades. ¿De qué otra manera puede ayudarlos a tener éxito? En un mundo perfecto se centrará en lo que se necesita para que tengan éxito, e igualmente su jefe trabajará para que usted tenga éxito.

Tome decisiones oportunas

Sé que esto parece una afirmación bastante obvia, después de todo, ¿por qué no querría tomar decisiones oportunas? Muchos líderes y gerentes de negocios no toman una decisión hasta que tengan todos los datos disponibles, o pueden decidir que, si no toman una decisión, quizás el problema desaparezca. Ninguno de estos cursos de acción tiene éxito. No siempre podemos esperar para tener toda la información que deseamos para tomar una decisión, por lo que debemos aprender a buscar ayuda y reconocer cuándo tenemos lo necesario para tomar una decisión y decidir. A menudo, los miembros de nuestro equipo nos esperan como el líder para hacer la llamada. Para tener éxito en la toma de decisiones oportunas debemos:

Primero, debe determinar si es su responsabilidad tomar la decisión o si un miembro del equipo está tratando de evitar su responsabilidad de tomar una decisión. Si este es el caso, entonces necesita asesorarles sobre sus responsabilidades y aumentar su conciencia de los problemas que pueden surgir si se abstienen de tomar una decisión.

En segundo lugar, si es su responsabilidad, debe comprender el plazo en el que debe tomarse la decisión. Debe priorizar la decisión para que se tome con el tiempo necesario. ¿Hay una necesidad inmediata que deba satisfacerse en este momento, lo cual suele ser el caso en el combate, donde las vidas dependen de decisiones que se toman o no se toman, o es una que tiene un plazo límite que, si no se cumple, puede tener implicaciones competitivas o financieras? a la organización? Debe recopilar tanta información como lo permita su marco de tiempo. Cuando crea que tiene suficiente información, puede consultar con fuentes confiables, luego tomar una decisión y comunicársela a todos los que necesiten saber cuál será el resultado.

Si más adelante se pone a disposición más información, eso cambiará el curso de acción que ha tomado; usted debe asumir la responsabilidad y realizar el cambio necesario sin culpar ni causar. No hay una decisión equivocada, ya que tomamos decisiones basadas en la información que se conoce en el momento en que se toma. Si se revela información adicional después del hecho, lo que podría habernos llevado a tomar una decisión diferente, acéptelo. Tenga en cuenta que no siempre podráesperar hasta que se sepa todo para actuar, ya que puede ser demasiado tarde para cumplir con la misión.

Comunicar la "Intención Estratégica"

Las comunicaciones son a menudo un problema en muchas organizaciones. Recuerdo que cuando fui por primera vez a trabajar para una gran empresa de telecomunicaciones, me dijo la persona que se me había asignado como mentor que debería recopilar tanta información sobre mi área y acumularla. Entonces tendría seguridad laboral en mi trabajo. No debía de compartir la información con nadie, solo repartirla según fuese necesario para que todos tuvieran que acudir a mí para obtener cualquier información en esa área. Esto determinaría lo importante que fuese para la organización. Esta actitud nunca funcionó, ya que vi a este tipo de personas ser despedidas y reemplazadas debido a que no eran "jugadores de equipo".

Necesitamos asegurarnos de que la intención estratégica se comunique y se entienda completamente en todos los niveles de la organización. Esto no significa que transmitamos todos los detalles necesariamente, pero se debe entender la intención estratégica. La declaración de la misión, la declaración de la Visión y los valores para la organización deben estar claramente articulados para que todos los miembros sepan lo que se pretende.

Cuando todos los miembros saben cuáles son la misión y los objetivos de la organización, harán todo lo posible para garantizar que se cumplan estas espectativas. Esto le da al equipo un marco para medir que sus decisiones, acciones y respuestas están alineadas con la misión, las metas y los objetivos de la organización.

Manténgase enfocado en la misión

Esta área es una en la que siempre nos centramos en el ejército, ya que a menudo significa la diferencia entre la vida y la muerte. En un entorno corporativo, a menudo he escuchado "no es mi trabajo preocuparme por si el proyecto en general es exitoso, solo tengo que hacer esta parte". Debido a esta actitud, muchas personas en el grupo perderán de vista el enfoque de la misión que se espera que realice el grupo, ya que solo se enfocan en su pequeña parte del trabajo. De esta manera se desconectan de la verdadera razón de la misión de la organización en general. Después de todo, si hago el tornillo que sujeta el ala del avión con la mejor calidad, pero el ala no está puesta, ¿la organización ha tenido éxito? Así es como los grupos pierden el sentido de prioridad por satisfacer las necesidades de los clientes. Especialmente cuando no están al lado del cliente. Dicen:"Hice mi parte a tiempo", y"¿por qué debería preocuparme cuando hice mi parte?" Pero entonces ¿se cumplió la misión?

Esto le sucede a muchos grupos de soporte, y algunos grupos de producción que no interactúan con el cliente real. En el pasado, se identificaba al cliente como la siguiente persona en el flujo de proceso a la que se le proporciona su salida, pero una vez más, como también son miembros de su organización, la gente parece olvidar la urgencia de proporcionarla a tiempo, ya que No veo que el efectivo real llegue a la compañía cuando finaliza el proyecto. Aquí es donde muchos grupos se enfocarán en el hecho de que no es dinero real. Entonces, todos los miembros de la organización deben recordar por qué estamos en el negocio, cuál es la verdadera misión

Si usted va a una escuela de negocios, a menudo oye que su misión es maximizar la riqueza del titular de la acción. ¿Qué significa esto realmente? En el mundo de hoy, significa hacer ricos a los ejecutivos y propietarios, mientras obtenemos nuestros míseros salarios. Debe asegurarse de que todos los niveles entiendan por qué está en el negocio y cómo sus roles impactan esa misión. ¿Qué estás tratando de lograr en el mercado como organización? Desafortunadamente, hoy en día, muchas veces he escuchado a personas decir que están creando una empresa para construirla y luego venderla para poder enriquecerse. ¿Qué tipo de mensaje envía eso a los trabajadores? Los grupos deben comprender y centrarse en lo que está tratando de ofrecer, ya sea una nueva forma de agregar valor a un cliente, una nueva solución innovadora para un problema, o es para ayudar al bien común de las personas.

Capítulo 2: Innovando el liderazgo

En el competitivo mercado global de hoy, es cada vez más difícil disputar y ganar con éxito su parte del negocio. Con las tecnologías actuales, el mercado global se ha reducido, y una organización de cualquier tamaño o ubicación puede competir con éxito y ganar negocios en el mercado global. Esto ha llevado a que los productos y servicios de algunas empresas se conviertan en productos básicos. En un tipo de negocio de productos básicos, el precio se convierte en el principal punto de decisión para un cliente cuando considera comprar su producto o servicio. Sin una ventaja competitiva clara y única, estas empresas ahora están obligadas a competir únicamente en el precio, lo que significa que sus clientes tienen muy poca lealtad hacia su organización. Esto crea una dependencia única de las presiones económicas y competitivas actuales que hacen que muchas empresas dejen de funcionar.

Para competir en este tipo de entorno, las organizaciones deben crear una ventaja competitiva única para sus empresas permitiéndoles el lujo de no ser tan dependientes de la economía o de sus competidores para tener éxito y sobrevivir. Para prosperar en este tipo de entorno, se requiere un tipo especial de líder que pueda crear un ambiente en el que su organización pueda establecer y mantener su ventaja competitiva dentro del mercado global.

Solución

Para permitir que cualquier organización identifique su ventaja competitiva única, el líder debe asegurarse de que la organización se sienta habilitada y respaldada para crear una ventaja competitiva sostenible que pueda desarrollarse y desplegarse con éxito. Esto le presenta al líder / gerente muchos problemas dentro de sus organizaciones hoy en día ya que el miembro promedio en una organización tiene miedo y busca simplemente mantener su trabajo para que su sustento no se vea amenazado.

Ahora le está pidiendo a los miembros de esta organización que cuestionen la forma en que se llevan a cabo los negocios y, en ocasiones, incluso cambiando la forma en que su líder / gerente creó la organización originalmente. Esto parece ser exigente a los miembros. Especialmente en una empresa más pequeña donde se conoce a las personas que originalmente instituyeron estos productos / procesos particulares, a los que ahora se les pide que tomen una visión crítica de estos mismos productos / procesos. El líder / gerente ahora debe crear un entorno que permita a los miembros sentirse seguros al explorar diferentes formas de crear una ventaja competitiva única para la organización.

Pasos hacia la rentabilidad

Como líder de una organización en la que desea desarrollar esta ventaja competitiva única para mejorar su capacidad de competir bajo cualquier condición, debe asegurarse de seleccionar un proyecto de ámbito adecuado para probar la capacidad de la organización de crear una ventaja competitiva. Idealmente, desea seleccionar un producto / proceso que pueda analizarse y evaluarse para obtener mejoras dentro de un marco de tiempo razonable, para garantizar que el éxito se pueda ver rápidamente. Por lo tanto, es importante tener el alcance claramente definido y conseguir que el equipo lo ayude a definirlo. Los seis pasos para la rentabilidad son:

1. Establecer la misión

Como líder, debe definir claramente y articular la visión estratégica actual de su organización. Esta visión debe definir cuáles deberían ser los resultados esperados para la visión estratégica de esa organización, es decir, el% de aumento en los ingresos, el método de interacción con el cliente y el% de ahorro de costos. Todos los miembros de la organización deben comprender claramente y estar de acuerdo con esta visión; el equipo que va a establecer el objetivo de la ventaja competitiva debe revisar y adoptar esta visión. El líder también debe establecer cualquier restricción y límites que deban mantenerse si es necesario. El hecho de que esté tratando de innovar y encuentre nuevas formas de hacer las cosas, no siempre significa que tendrán una pizarra limpia para trabajar. Tal vez el problema es que los costos laborales han aumentado por lo cual ya no es factible y necesita ver si puede encontrar una forma innovadora de competir.

2. Establezca un entorno de apoyo

Se debe establecer un entorno que permita a los miembros sentirse seguros, incluso si van a estar en desacuerdo con el equipo de administración. Deben sentir que se están llevando a cabo comunicaciones abiertas y honestas, para que los miembros del equipo sepan que sus ideas y conceptos se escuchan y se evalúan de manera objetiva, incluso si no se están implementando. La gerencia puede decidir no usar lo que han dicho, pero si sienten que fueron escuchados, y la decisión se tomó para ir en una dirección diferente, siempre que crean que fueron escuchados, estarán dispuestos a apoyar a la gerencia y al decisión del grupo.

Además, es necesario que exista un sistema para recompensar a las personas que propongan las nuevas ideas, incluso si la idea no merece la pena. Debe recompensar todas las ideas, por lo que sentirán que vale la pena proponer estas cosas que pueden no ser notorios, o pueden ser contrarias a la forma de pensar de la administración actual. Pero solo cuando se crea un entorno como este, obtendrá realmente el poder creativo de los miembros de la organización.

También debe estar preparado sobre qué hacer si su innovación elimina los trabajos de los miembros. Pasamos por un período como este en la década de 1980, cuando algunas empresas estadounidenses estaban explorando los conceptos de fabricación "Just in Time" (Justo a tiempo),varias de estas organizaciones adoptaron una política de no despidos para mejorar los procesos, mientras que conservaban el derecho de eliminar empleos solo cuando se convertía en una necesidad económica. Esté preparado para hacer frente a este problema o no tendrá éxito.

3. Explora las situaciones y soluciones

Ahora mire los escenarios posibles para crear una ventaja competitiva única. La organización necesita trabajar dentro del alcance de la visión que se ha identificado. Pueden usar algunos de los siguientes métodos y técnicas para ayudar a identificar una ventaja competitiva sostenible. Tenga en cuenta que estas son solo algunas sugerencias, muchas otras se pueden encontrar en los numerosos libros de administración y resolución de problemas disponibles. Algunos de los métodos que pueden funcionar son:

Modelo de Fortalezas, Debilidades, Oportunidades y Amenazas (FODA). - Este modelo analiza los factores internos y externos para ver dónde pueden existir oportunidades para la organización. Este modelo se usa a menudo en la planificación estratégica para determinar las iniciativas que se deben seguir.

Tormenta de ideas: esta técnica se utiliza para capturar ideas y abordar las áreas de mejoras dentro del alcance seleccionado. Permite obtener una gran cantidad de ideas en el menor tiempo posible. Las ideas son recogidas en una hoja de papel / pizarra. Ninguna discusión tiene lugar hasta después de que todas las ideas sean capturadas, luego se evalúan estas ideas y se investigan las más prometedoras.

Diagramas de causa y efecto: este diagrama permite a un equipo observar los factores que causan el problema descripto y determinar si la causa se ha identificado o no para que se pueda resolver el problema.

Y otras técnicas para identificar el mejor curso de acción: existen muchos otros tipos de métodos y técnicas que se pueden usar, como el Mapa mental, esquemas y otras técnicas que nos permiten explorar las oportunidades de seleccionar el mejor curso de acción.

Tenga en cuenta que la implementación de estas técnicas está más allá del alcance de este capítulo, estas son solo sugerencias que pueden ser utilizadas. Vaya a los diversos sitios web, libros o expertos en estas áreas si necesita más ayuda o aclaraciones.

4. Crear el plan de implementación

Una vez que el equipo de la organización ha seleccionado el producto / proceso que se utilizará para crear una ventaja competitiva. El plan de implementación necesita ser desarrollado. Este plan debe establecer el alcance del proyecto propuesto, la posición actual o la línea base con la visión futura, que se logrará como resultado de este proyecto.

El plan debe incluir las tareas y los pasos necesarios para implementar el curso de acción seleccionado. Los hitos deben identificarse y documentarse para mostrar cuándo se realizarán los cambios para incluir cualquier fase abordada que deba ocurrir. También se deben identificar todos los recursos y costos necesarios, así como el momento en que deben suceder. Además, es importante que se identifiquen los riesgos que podrían sobrevenir y que se desarrollen planes de mitigación para enfrentar estos riesgos.

Todos los roles y responsabilidades deben estar claramente definidos, así como la estructura de toma de decisiones identificada. Los criterios de éxito deben identificarse y definirse en cuanto a lo que constituye la finalización exitosa y el cierre del proyecto. Se deben identificar los indicadores clave de rendimiento (KPI), así como la metodología que se utilizará para rastrear estos KPI.

5. Ejecutar el plan

El plan que se creó debe ejecutarse ahora con excelencia y eficiencia. Debe asegurarse de que el proyecto se rastree e informe cuidadosamente a medida que progresa y de que cualquier desviación en los planes se identifique rápidamente. Estas desviaciones deben abordarse y el plan debe revisarse si es necesario.

6. Repasar los resultados y revisar

Una vez que el plan se ha completado y cerrado, el equipo debe monitorizar los resultados. Deben asegurarse de que se cumplan los KPI esperados y, si no, deben determinar por qué no se están cumpliendo. Es necesario desarrollar un curso de acción y luego implementarlo para que el programa vuelva a encarrilarse garantizando de esta manera el éxito del proyecto.

Resumen

Como líder, si sigue estos seis pasos hacia la rentabilidad, su organización debería desarrollar una ventaja competitiva única que su competencia buscaráalcanzar. Si utiliza este tiempo para desarrollar a su equipo trabajando hacia la mejora contínua, puede establecer una situación en la que otras organizaciones tendrán que esforzarse más para ponerse al día, mientras que puede desarrollar relaciones más profundas con su base de clientes y continuar afirmando su posición única. Esto minimizará los factores externos en su organización, como los competidores y la economía. Lo cual le ubicará en una posición mucho más rentable.

Capítulo 3: Mejore sus habilidades de comunicación para un liderazgo efectivo

A menudo nos encontramos en posiciones de liderazgo en distintas áreas. Desde el liderazgo a nivel familiar hasta el nivel organizativo y nacional. En cualquier nivel en el que se encuentre, naturalmente existe la necesidad de sobresalir. Sin embargo, no muchos han logrado el éxito en este sentido. Una de las herramientas importantes que decepcionan a los líderes es la falta de comunicación entre ellos y sus seguidores.

La comunicación es el proceso de enviar y recibir información entre las personas. Podría ser expresivo o receptivo. Las habilidades de comunicación efectiva son fundamentales para el desarrollo de su carrera y su vida personal. También es fundamental para alcanzar la excelencia del liderazgo. La comunicación clara y efectiva es, por lo tanto, una actitud que cualquier persona que espera alcanzar la excelencia como líder se esforzaría por inculcar y mejorar continuamente, incluso antes de alcanzar posiciones de liderazgo en cualquier nivel. Los buenos líderes efectivamente motivan e inspiran a sus seguidores a través de una comunicación clara. Además, las mejores organizaciones promueven la disciplina, la responsabilidad y la alineación estratégica a través de una comunicación clara y efectiva.

La comunicación implica tres componentes: el mensaje verbal (las palabras que elegimos), mensaje paraverbal (cómo decimos las palabras) y los mensajes no verbales (nuestro lenguaje corporal). Estos tres componentes se utilizan para enviar mensajes claros y concisos. También se utilizan para recibir y comprender correctamente los mensajes que nos envían. Suele haber confusiones cuando el componente verbal dice "sí" y el no verbal refleja un "no". Para comunicarse de manera efectiva, se deben alinear los tres componentes de la comunicación para representar el mensaje que se transmite.

El proceso de recibir el mensaje comunicado es escuchando. Escuchar es un elemento clave en la comunicación y requiere concentración y energía. Implica una conexión psicológica con el hablante. También implica el deseo y la voluntad de ver las cosas desde la perspectiva del orador. En este punto, se requiere que el oyente suspenda el juicio o la evaluación del mensaje y, más bien, mantenga una mente abierta sobre él primero. La escucha no verbal implica prestar atención física completa o ser consciente de los mensajes no verbales del hablante; mientras que la escucha verbal implica prestar atención a las palabras y los sentimientos que se expresan. Al igual que al pasar información, la escucha verbal, no verbal y para-verbal es esencial para que un líder obtenga una verdadera retroalimentación de los seguidores.

Los buenos comunicadores pasan su mensaje teniendo en cuenta los siguientes factores:

1. Claridad del mensaje (mantenlo simple y

claro)
2. Adecuación del mensaje (proporcione suficiente información para una comprensión adecuada)
3. Integridad del mensaje (mantenerlo preciso como la información original)
4. Tiempo del mensaje (entregarlo en el momento y lugar apropiados)

Para una comunicación efectiva, se requiere que el comunicador obtenga o solicite comentarios del oyente para asegurarse de que el mensaje se entienda bien. En pocas palabras, un buen comunicador también debería ser un buen oyente.

Otros consejos para una buena comunicación son:

1. Mantener contacto visual con la audiencia.
2. Conciencia corporal - ser confiado y convincente.
3. Gestos y expresiones.
4. Transmitir las ideas.
5. Practicar habilidades de comunicación efectiva.

La comunicación efectiva es un proceso bidireccional. Implica pasar el mensaje y obtener una retroalimentación (escucha activa). Refleja la responsabilidad del orador y el oyente. Es muy clara y libre de estrés.

Capítulo 4: Mejore su inteligencia social

¿Qué es la inteligencia social y por qué debe importarle?

Una diferencia clave entre quién logra dominar y el que apenas se acerca, pero no lo suficiente, es la inteligencia social o el reconocer a las personas por lo que son en lugar de lo que esperamos que sean.

Según Robert Greene en su libro Mastery, hay 7 realidades "mortales" que deben ser reconocidas y tratadas: tanto en nosotros como en los demás

La envidia
El conformismo
La rigidez
Ser auto-obsesivo
La pereza
La veleidad
La agresión pasiva
La mayoría de nosotros operamos ingenuamente; es decir, esperamos que otros vean lo que vemos, vean cómo vemos y se comporten como nos

comportamos. Cuando no lo hacen, nos enojamos, nos sentimos traicionados o surge una gran cantidad de respuestas negativas y autodestructivas ante la decepción.

El último tercio del libro de Greene, Mastery, está dedicado a los métodos que deben adquirir los Maestros para lidiar con el lado oscuro del comportamiento humano.

El primer paso es abandonar nuestro ingenuo enfoque al tratar con las personas y con el mundo que nos rodea, esperando que las siete realidades mortales aparezcan en diferentes grados, en todas las personas con las que tratamos. A través del uso de información biográfica obtenida tanto de los famosos como de los infames, Greene muestra cómo la madurez emocional o la falta de ella ha determinado el curso de teorías científicas completas, se puede "crear" a una persona con cuidado e inteligencia.

En este mundo de ideas múltiples y verdades en conflicto, las personas anhelan ver consistencia, transparencia en cada ser humano.

Verse como los demás lo ven es probablemente lo más difícil de alcanzar, de acuerdo a los atributos mencionados por Greene para quienes buscamos ser los mejores en nuestras áreas. Lo que se requiere para lograrlo es una objetividad implacable; una batalla casi constante con el ego y la voluntad de escuchar todas y cada una de las opiniones de los demás sobre nosotros.

Se dice que los tontos sufren por gusto. Por último, para lograr la inteligencia social, el aforismo gastado por el tiempo parece anticuado e irrelevante en esta cultura donde la mayoría de nosotros tenemos una educación universitaria, y muchos tenemos capacitación de posgrado. Pero si ha estado en el negocio, algún negocio durante algún tiempo, entonces sabrá la intemporalidad del consejo. "Al tratar con los tontos, debes adoptar la siguiente filosofía: son simplemente parte de la vida, como las rocas o los muebles. Todos nosotros tenemos aspectos tontos... Es la naturaleza humana".

Capítulo 5: Alcance objetivos con reuniones estratégicas

Atraer y retener clientes, asegurando que una organización siga siendo competitiva en el mercado son las principales responsabilidades de los líderes de organizaciones con fines de lucro y sin fines de lucro. Las organizaciones se basan en los ingresos, independientemente de la clasificación fiscal. De cada tres a cinco años, los líderes inteligentes revisan el estado actual de su organización y el entorno en el que opera, los clientes de las organizaciones, la entrega de productos y servicios, el panorama competitivo, los obstáculos y amenazas al éxito y las posibles oportunidades, entonces utilizan esa información para identificar y priorizar los objetivos que pondrán a la organización en un camino hacia un futuro sostenible.

Es imperativo crear las condiciones para una planificación estratégica exitosa o una reunión de mejora de procesos. El mundo ha cambiado, y no hay tiempo que perder en "sesiones de lluvia de ideas" posiblemente improductivas que pueden haber sido suficientes en el pasado. Lo más probable es que los resultados de una reunión de planificación sean vitales para la organización, y no sería prudente permitir que la suerte o la política interna controlen los resultados.

Involucrar a un facilitador profesional de reuniones para guiar su planeación estratégica o el proceso de mejora, garantizará que los participantes puedan identificar metas y objetivos, que sean "INTELIGENTES" (Específicos, Medibles, Alcanzables, Relevantes y Oportunos) podrán obtener el apoyo de gerentes de distintos niveles. Un facilitador permite que todas las partes interesadas participen plenamente en la reunión, en lugar de limitarse a ser únicamente un tomador de decisiones claves, un mero supervisor de la reunión y encargado del tiempo.

El facilitador crea un ambiente de reunión

positivo para los participantes y sienta las bases para el trabajo en equipo y la productividad. Mantiene a los participantes enfocados en el tema y mejora la fluidez. En caso de que una personalidad fuerte intente descartar la agenda, o si la reunión se desvía del tema, el facilitador emplea técnicas para restablecer el enfoque sin ofender o reprimir el compromiso y la creatividad de los participantes.

Un facilitador experto sabe cómo hacer surgir la sabiduría en la sala. Sabe que la mayoría de los líderes ya tienen las respuestas a los desafíos que enfrenta su organización porque son sus líderes. Solo necesitan el flujo correcto de buenas energías para traer la sabiduría y buenas ideas a la superficie. Si el grupo se atasca, el facilitador ayudará a los participantes a considerar las preguntas que deben hacerse, lo cual es otra forma de llegar a las respuestas correctas.

Una de las competencias en las que el

facilitador de su reunión será especialmente adepto es la creación de consenso en torno a una visión y prioridad comunes, incluso si las interpretaciones de estos asuntos difieren. Ayudar a los equipos opuestos a escuchar el razonamiento detrás de las preocupaciones y elecciones del otro lado puede llevar al descubrimiento de una "tercera vía", ver alternativas que incorporan las fortalezas clave de cada punto de vista, abordar lo que es importante para cada campamento y permitir que el grupo unirse en torno a este nuevo enfoque híbrido.

Identificar objetivos a corto y largo plazo que, cuando se implementen, aumentarán la participación en el mercado; superando retos empresariales; se alcanzará la mejora de la prestación de servicios y otros sistemas de proceso; lograrán la creación o utilización más efectiva de ventajas competitivas y la mejora de la rentabilidad en los próximos 3 a 5 años, de esta forma los líderes de la organización podrán cumplir con sus responsabilidades y se comportarán como buenos administradores. La contratación de un facilitador profesional de planificación de reuniones y estrategia garantiza que los líderes cumplan con estas obligaciones y las realicen de manera adecuada.

Capítulo 6: Manejando el cambio efectivamente

En algún momento, todos deben aprender a gestionar el cambio de manera efectiva. Se siente bien tener un plan sólido en mente para su futuro. Tal vez usted esta estudiando, trabajando para obtener un título; Quizá esté ahorrando para comprar la casa de sus sueños. En cualquier caso, seguramente estaba planeando algún cambio importante en su vida. La gestión eficaz del cambio puede ser la diferencia entre prosperar a pesar del cambio y desmoronarse porque no puede adaptarse a los cambios en sus planes.

Cuando cambie su camino hacia un mejor futuro, aferrarse a lo que tenía puede ser uno de los mayores impedimentos para seguir adelante. Debe buscar un nuevo objetivo o una nueva forma de lograrlo. El hecho de no aceptar el cambio también dificultará su capacidad para ver cómo se verá realmente dicho futuro.

Eliminar la negatividad

Otro obstáculo al que se enfrentan las personas cuando intentan gestionar el cambio son las personas negativas. Combatir las influencias de las personas a tu alrededor que no pueden aceptar el cambio, es casi tan difícil como luchar contra esos sentimientos en usted mismo. La gestión del cambio a veces implica limitar su trato con estas personas o alejarse por completo de su vida. Esto puede ser difícil, especialmente si estas personas son su familia o amigos cercanos, pero si no pueden apoyar su nueva perspectiva de la vida, entonces lo están frenando.

Prepararse para los cambios

Algunos cambios ocurren repentinamente, como una enfermedad o un accidente, pero puede prepararse para otros cambios reevaluando continuamente su situación y siendo proactivo cuando descubra algunaseñal de cambio. Si empieza a ver que vienen estas señales, trate de cambiarlo. Si no puede cambiar esta situación, entonces puede prepararse para ello o al menos comprender cómo la gestión adecuada del cambio puede afectar el resultado de una situación.

Canalice su energía

Estar atascado con sentimientos cómo ¡qué injusto! le impide usar su energía para formular un nuevo objetivo. El cambio probablemente sea injusto; Las buenas personas mueren, se enferman y pierden sus empleos. Desafortunadamente, la relativa injusticia de una situación no alivia sus efectos; pero la forma en que maneja el cambio y lo acepta puede convertir un evento injusto en una bendición. Muchas personas consideran que los eventos negativos no planificados son injustos porque tienen una sensación de justificia; que merecen una vida perfecta; pero el hecho es que casi todos enfrentan situaciones que descarrilan sus planes perfectos. Su método de administrar el cambio dicta de qué manera permite que la situación cambie su vida.

En lugar de centrarse en lo que ha perdido y esperar que las cosas vuelvan a cambiar a su forma original, céntrese en su objetivo, en la nueva forma en que puede hacerlo y lo logrará. Imagínese alcanzando sus metas y mantenga su mente ocupada con las recompensas del futuro, en lugar de desear que el cambio nunca haya ocurrido. No será fácil, la planificación para el futuro no fue fácil la primera vez, y esta vez seguramente será más difícil. Es el primer paso para volver a calibrar sus objetivos y métodos en una dirección que se adapte a la situación actual.

La gestión del cambio incluye superar el miedo

El miedo a lo desconocido es otra barrera

más para gestionar con eficacia el cambio y rediseñar sus planes para la vida. ¡Puede fallar! Parte de la alegría de lograr un objetivo es la incertidumbre que se siente en el viaje. Volver a formular sus planes puede ser una decisión aterradora porque no hay garantía de que tenga éxito, pero es casi seguro que fracasará si no acepta el cambio y comienza a trabajar en formas alternativas para obtener lo que desea.

Aquí hay algunos consejos que pueden ayudarlo a manejar el cambio:

¡Anticipe el cambio esté preparado para cualquier cosa!
Supervise el cambio, siga evaluando su situación, para que no se sorprenda repentinamente por un cambio
Adáptese rápidamente al tiempo de cambio, el tiempo que pasa deseando que las cosas no hubieran cambiado es tiempo que podría haber dedicado a trabajar para alcanzar un nuevo objetivo
¡Recuerde estos consejos para gestionar el cambio porque las cosas pueden volver a

cambiar!

La gestión del cambio puede ser difícil, pero darse cuenta de la ardua tarea que tiene por delante puede ser la parte más difícil. Una vez que comience a experimentar su nueva realidad, deje de temer el cambio y sepa cómo manejarlo, se sentirá bien. ¡La gestión eficaz del cambio le ofrecerá una mejor oportunidad de disfrutar su vida!

Capítulo 7: Establezca y alcance sus objetivos

Todos nos ponemos metas. Es bastante fácil. La pregunta es cómo hacer que el establecimiento de metas funcione para usted. En este capítulo, encontrará diez consejos para establecer metas de tal manera que estas lo impulsen hacia sus sueños, logrando así sus metas y no solo estableciéndolas.

1. Tener un conjunto de objetivos a corto y largo plazo.

Piense cómo le gustaría vivir en 10-15-20 años. ¿Qué le gustaría hacer? Imagine cómo se verá su casa ideal. ¿Quién estará allí con usted? Luego, piense qué debe hacer para alcanzar sus sueños en 2 o 3 años, este año, esta semana e incluso hoy. Establezca sus metas a corto plazo.

2. Escriba todas sus metas, trazar todos sus objetivos a mano alzada es necesario.

No puede mantener sus metas solo en su mente. Sus pensamientos están cambiando todo el tiempo, ajustándose a las tareas, situaciones cotidianas y es muy fácil olvidarse de sus metas. Al escribirlos en blanco y negro, está dando el primer paso hacia el logro de sus objetivos.

3. No se limite, dele rienda suelta a su imaginación.

Tómese entre 20 y 30 minutos y escriba todas sus ideas: la casa de sus sueños, su familia, su trabajo o negocio ideal, sus pasatiempos. Escriba todo; No se detenga aunque sus sueños e ideas parezcan imposibles en este momento, anotelo que imagine que pueda lograr.

4. Sea positivo cuando escriba los enunciados de sus objetivos.

Escribir "comer sano" es mucho mejor que"evitar alimentos poco saludables", por ejemplo.

5. Haga que sus objetivos sean llamativos, atractivos.

Piense en los beneficios de alcanzar sus metas, cómo se sentirá cuando llegue allí. Imágenes de todas las nuevas posibilidades que estarán abiertas para usted, todas las cosas interesantes que podría llegar a hacer.

6. Sea lo más específico posible.

Si desea mudarse a la casa de sus sueños, asegúrese de saber qué tipo de casa quiere, dónde se ubicará y qué tan grande será. Tiene que visualizarlo claramente en sus sueños como si ya estuviera viviendo allí. Una visión clara le ayudará a alcanzar sus metas.

7. Escriba un motivo, la razón de cada objetivo.

Es vital saber elpor qué al establecer sus metas. Pregúntese por qué quiere hacer o tener las cosas que desea.

8. Ponga una línea de tiempo para cada objetivo.

Los objetivos sin líneas de tiempo son simplemente deseos. Establecer una línea de tiempo para cada objetivo lo motiva a actuar para avanzar.

9. Comience a dar pequeños pasos en pro de sus metas y actúe rápidamente.

Es mejor comenzar con pequeños cambios pero actuar de inmediato o al menos en los primeros días para obtener el mejor impulso posible.

10. Revisar sus metas a menudo crea un sentimiento de gratitud como si ya las hubiera alcanzado.

No le serviría de nada si escribieras todos sus objetivos y luego los ocultara en el rincón más alejado de su escritorio. Tiene que revisar sus metas regularmente y visualizarlas como si las hubiera alcanzado.

Al seguir estos sencillos consejos para establecer y lograr objetivos, puede crear una visión emocionante de su futuro y al hacer planes y tomar acciones, pronto estará en camino a una nueva vida: la vida de sus sueños

Capítulo 8: Construir relaciones de empleados

Construir relaciones es un elemento vital en la actividad de cualquier gerente. Tiene que ser un comportamiento incesante ya que convertirá en la esencia misma del estilo personal de cualquier gerente.

Cuando trabajemos en el cambio, será un desafío que nuestra gente deba aceptar, por lo que el incumplimiento restringirá las relaciones que tenemos con ellos. Les estamos encargando algo que tendrá un impacto, esto, debido a nosotros.

Donde no se haya hecho ningún esfuerzo real para crear relaciones importantes con las personas en un equipo, más difícil será asegurarse de que el cambio se realice con éxito

El Desafío

Construir relaciones no es difícil. Muchos

gerentes encuentran que crear el tiempo necesario para entablar conversaciones con todos y cada uno de los miembros de su equipo es difícil. Si es este el caso, es importante observar de cerca cómo se usa el tiempo y considerar diferentes formas de trabajar.

A veces los gerentes no están lo suficientemente enfocados como para asegurarse de que ellos cumplan su función. Es fácil asumir tareas que son menos exigentes a costa de hacer tiempo para su gente.

La construcción de relaciones es el núcleo, la base del conjunto de actividades que un gerente debe realizar. La función es administrar a las personas, no empujar un lápiz o trabajar con objetos. La gente es el punto en donde debe enfocarse todo gerente que tenga el título bien puesto.

¿Cómo hacerlo?

Un paso simple para hacer que las relaciones funcionen es procurar tener diálogos de uno a uno con un número fijo de personas cada día. Trate de asegurarse de que la forma en que interactúa con ellos sea valorándolos.

Una manera sencilla de hacer esto es permitirles que hablen la mayor parte del tiempo, impulsando sus ideas y pensamientos con preguntas abiertas que buscan información. Luego puede dejarlos hablar y escucharlos la mayor parte del tiempo, que sea esta su meta.

Hacer esto puede tener un efecto notable al mostrar que se preocupa por ellos como individuos y que tiene el tiempo para hacer que se sientan un miembro valioso del equipo.

Capítulo 9: Métodos para un liderazgo de equipo eficaz

Liderar un equipo puede parecer una tarea fácil, en teoría. Sin embargo En la práctica, podría ser una tarea realmente difícil. ¿Exactamente qué técnicas debe usar en caso de querer convertirse en un exitoso líder de equipo?

Desarrollar una convincente visión imaginativa y presciente.

Como líder necesita partidarios. Para que la gente le siga, debe estar en posición de retratar una imagen indudable de cómo será el futuro a largo plazo y por qué deben ser parte de la creación de este excelente futuro. Si no hace esto, nunca podrá llegar a los corazones y pensamientos de sus seguidores.

Reconózca a los demas

Cada persona, miembro del equipo, cuenta con puntos fuertes. Estos pueden ser la experiencia, comprensión o algunas cualidades particulares. De la misma manera quizás tenga áreas menos fuertes. Tener en cuenta esto no solo le permitirá entender; sino que le ayudará a invertir mejor su tiempo y esfuerzo, le permitirá descubrir la composición de su equipo de trabajo.

Familiarizarse con su equipo
Siempre me sorprende la cantidad de esfuerzo que hacemos para descubrir las debilidades y fortalezas de las nuevas contrataciones. Conocer a su equipo ayuda a asignar roles y responsabilidades de manera apropiada. También puede ayudar con la motivación mientras sea posible asignarles el trabajo que los estimule.

Establecer metas claras
Los objetivos vagos conducen a un factor muy importante: sub-óptimo o, en el peor de los casos, sin resultados. Haga sus objetivos tan específicos como sea posible. Procure establecer límites de tiempo orientados a la acción y cumplimiento. Si quiere, divídalos en metas más pequeñas.

Enfóquese en desarrollar confianza
Tener confianza o generar desconfianza puede hacer o deshacer un equipo. A

veces es fácil crear la suficiente confianza basta conatender reclamos o tratar a todos por igual.

Mantener cuentas claras
Probablemente las cosas más desalentadoras del equipo son cuando el líder constantemente deja sin pago, o pago incompleto a las personas. Obviamente, habrá ocasiones en que existan razones reales por las cuales los empleados no cumplen. Al mismo tiempo, es posible que haya personas que regularmente prometen demasiado y no cumplen, simplemente porque saben que no hay un seguimiento.

Hacer uso de las orejas y la boca dentro de la proporción adecuada
En otras palabras, asegúrese de que usted y cada uno de los miembros del equipo aprendan a prestar atención a la otra persona. Escuchar es un área en la que, en mi opinión, la gente tiene un problema. Se debe entender que se tienen dos orejas y una boca.

En conclusión: el éxito como líder no lo tiene asegurado, pero algunas cosas simples pueden producir una gran diferencia en sus logros como líder de un equipo.

Capítulo 10: Delegar y hacer el trabajo

Las personas ocupadas deben aprender a delegar si tienen la intención de hacer las cosas. A menudo, no hay suficientes horas en el día para permitir que una persona haga todas sus tareas. Las personas productivas llegan a saber que delegar es necesario para avanzar. Las personas productivas también saben lo qué se puede y se debe delegar y cómo lograrlo de manera efectiva.

La subcontratación se trata de delegar tareas profesionales calificadas que no podemos realizar, desde el diseño del sitio web hasta las relaciones públicas, incluye limpiar nuestra casa y preparar la comida para una reunión. El uso juicioso de la delegación puede ser bueno para la rentabilidad del negocio y saludable para el desarrollo organizacional. Los empleados pueden ampliar sus competencias y aprender a agregar más valor cuando las cargas de trabajo se comparten ocasionalmente.

Cuando el tiempo y la energía son escasos, o cuando no contamos con la experiencia requerida, tiene sentido desde el punto de vista de la administración del tiempo y del control de calidad delegar un proyecto determinado y eliminarlo de nuestra plataforma, para concentrarnos en los elementos que solo nosotros podemos hacer. . Si acumulamos todas las responsabilidades importantes, puede llevarnos a un comportamiento de control real o percibido, y eso es contraproducente. Cómo delegar con éxito es una habilidad importante, y comienza con el establecimiento de prioridades.

Delegue responsabilidades y no solo tareas. En lugar de limitarse a asignar trabajo a alguien, lo que limita el sentido de propiedad, promueve la aceptación del proyecto en cuestión y la lealtad a usted; delegue la responsabilidad de dirigir un elemento de la tarea. Permita que esa persona brille y muestre creatividad, capacidad analítica, talentos de sistemas y operaciones, destreza en la resolución de problemas y todo lo que sea necesario para administrar esa parte del proyecto con éxito. Mantenga un ojo en el panorama general y haga lo que sea necesario para darle a esa persona los recursos y la autoridad necesarios para hacer su parte.

Acepte que su manera no es la única. Esto podría generar sorpresas agradables y un mejor resultado del que imaginó. Todos tienen una forma única de ver y abordar una responsabilidad, le recomendamos que respete las diferentes perspectivas y enfoques, que confíe en la persona a la que ha delegado. A menudo, hay más de un camino hacia la solución correcta. Concéntrese en lograr los resultados deseados dentro del marco de tiempo deseado. Nunca revise con demasiada frecuencia ni minusciosidad el trabajo delegado, ya que esto constituye una fuerza de rozamiento permanente que desgasta racional y emocionalmente al subordinado (Micromanagement).

Dar instrucciones claras e información suficiente. Explique el panorama general del proyecto y cómo encaja el elemento delegado. Proporcione las especificaciones del proyecto para lo que se delegará y asegúrese que la persona entiende. Certifíquese de que la persona tenga la autoridad para hacer lo que sea necesario, junto con el presupuesto, cualquier personal u otros recursos. Sea claro acerca de las metas y la fecha de cumplimiento del proyecto. Recuerde estar disponible para ayudar, si es necesario.

Enséñese a reconocer cuándo delegar un proyecto o elementos del mismo estableciendo primero metas y objetivos para su negocio, respaldados por estrategias y planes de acción que aseguren su realización. Sea sincero acerca de sus fortalezas, debilidades y la línea de tiempo. Externalice / delegue las responsabilidades que no puede hacer y concéntrese en el resultado. Cree un equipo sólido que esté listo para ayudarlo a alcanzar sus metas.

Conclusión

¡Gracias de nuevo por descargar este libro! Espero que este libro haya podido ayudarlo a comprender las cosas que debe hacer y los pasos que debe seguir para mejorar su liderazgo.

El siguiente paso es ponerlos en práctica.

¡Gracias y buena suerte!

Parte 2

Introducción

Este libro contiene pasos y estrategias probadas sobre cómo convertirte en un verdadero líder, cómo inspirar a otros para que compartan tu sueño y cómo trabajar juntos para que ese sueño se haga realidad. Trabajando lado a lado, mano a mano.

No solo eso, este libro también trata sobre lo que el liderazgo realmente es, y cómo la sociedad ha visto a algunos grandes líderes cambiar el curso de la historia a través de las eras. Proveo una lista de cualidades que encontraremos en un buen líder, cualidades que pueden ser comunes en un ser humano, pero aun así importantes.

Por último, este libro también contiene algunos pasos probados y definidos sobre cómo desarrollar tus habilidades para el liderazgo, para que te puedas convertir en el líder que el mundo necesita, y el tipo de líder que tú, por ti mismo, estarías encantado de seguir.

Capítulo 1
¿Qué es el Liderazgo?

En los tiempos modernos, una de cada veinte personas es una suerte de líder. El jefe que motiva a sus empleados a trabajar más duro, que va a la oficina los fines de semana, puede ser llamado un gran líder que sabe motivar a su personal. Un profesor que motiva a sus alumnos para que sobresalgan en sus estudioso para que aspiren a las mejores universidades del país, podría ser un gran líder. Incluso un individuo que tiene más de 3000 seguidores en Facebook y Twitter puede ser llamado un líder motivacional.

Cuando vemos tantos líderes a nuestro alrededor, ¿no parece como si estuviéramos tomando el término "liderazgo" de forma poco precisa?

Observemos a los líderes mundiales a través de las eras.En lugar de jefes corporativos, maestros inspiradores y celebridades de Facebook, veremos personalidades políticas, gente con una contribución mucho pero mucho mayor a la historia mundial y a la evolución humana.

Así que, si estos héroespolíticosfueron los verdaderos líderes de la historia humana, ¿Significa que esta gente de hoy, los empresarios, maestros y oradores de la sociedad moderna, no son líderes de verdad?

Mi opinión es que sílo son. Sus contribuciones pueden ser pequeñas comparadas con las de los héroes reales, pero no significa que tu profesor favorito de la Universidad no fuera un líder, o que no tuviera la habilidad para motivar e inspirar a los demás.

Definición de Liderazgo

La definición más común de liderazgo puede reducirse a un concepto relativamente sencillo:*Reunir a un grupo de gente con ideas similares y motivarlos para alcanzar una meta común*.

Este propósito común puede ser cualquier

cosa que un grupo de gente tenga toda la intención de hacer, pero no sería sino hasta que una persona particular, con carisma y determinación, motive a esta gente que se produzca el avance. Puede ser quien sea el que, de forma positiva o negativa, cambie al mundo y a la gente que hay en él.

Como indica la definición de liderazgo, es la cualidad de ser capaz de guiar a un grupo de gente hacia una meta común. Esta meta particular puede ser liberar una nación o cometer un crimen atroz. Ciertamente hubo personajes así, que fueron grandes líderes y sus palabras y acciones motivaron a otras personas a trabajar juntos por una meta común, sin importar las consecuencias de sus acciones.

No obstante, si vemos la historia del liderazgo, ha habido algunos cambios en el concepto, particularmente, en el tipo de líderes que hemos seguido a lo largo del tiempo.

Capítulo 2

Liderazgo a través de las eras

A lo largo de la historia, vemos como muchos tipos de líderes llegan a guiarnos y motivarnos, cada uno con su agenda privada, buscando resolver los problemas que envolvían a la humanidad durante esos tiempos.

Al inicio de los tiempos, tuvimos líderes religiosos que nos guiaron a la iluminación y el conocimiento, dándonos una noción de lo que estaba bien y de lo que estaba mal. Ayudaban así a la humanidad indicando el camino correcto a tomar en su andar.

Posteriormente, la raza humana fue motivada por grandes líderes que fueron a conquistar el mundo y a hacerse un lugar en la historia.

Tenemos a grandes maestros y pensadores que cambiaron la forma en que la gente veía la vida, los conceptos más simples de nuestro ser y nuestra razón de ser en este mundo. En la historia reciente tenemos a grandes líderes políticos que dieron a los ciudadanos del mundo esperanza y coraje para perseguir sus sueños, ya fueran libertad, unidad o esperanza.

Tenemos a los fabulosos trabajadores sociales: gente cuyo propósito y aspiración era ayudar a los que sufrían, los que necesitaban de su amor y compasión.Líderes como ellos pueden no haber liberado una nación o dirigido una guerra, pero tuvieron éxito en enseñar a la humanidad el verdadero poder del amor y la caridad.

¿Qué hay de los líderes del mundo moderno? ¿A quién seguimos hoy y buscamos que nos lidere en este ritmo de vida tan rápido que llevamos?

La verdad es difícil decirlo.Algunos líderes del pasado nos inspiraron y motivaron, pero en esta era de tecnología, competitividad, estilo de vida veloz y, por lo tanto, de un sentido general de confusión e inquietud, no podemos estar satisfechos con alguien que solo nos dice el camino correcto que debemos tomar. Necesitamos un líder que nos empodere hacia el éxito, alguien que nos indique la dirección y nos anime a avanzar y alcanzar lo que tanto hemos soñado y tenido fe en conseguir.

Si observas una lista de los líderes modernos alrededor del mundo, puedes encontrar el nombre de CEOs y CFOs, empresarios y magnates, millonarios y dueños de negocios.Así que ¿Significa esto que el liderazgo es estar a la raíz del poder y al tope de la escala corporativa?No necesariamente, porque esta gran lista también contiene los nombres de líderes espirituales que ayudan a la gente a conseguir paz e iluminación. Ellos no toman decisiones multimillonarias todos los días, pero aún guían a la gente hacia una meta común de paz y armonía.

En el mismo contexto, podemos también encontrar a gente que ha trabajado por si misma de forma peculiar para alcanzar la grandeza. Así que, ¿qué tienen en común todas estas categorías diferentes de personas para quedar dentro de la misma lista?

Lo que tiene en común toda esta gente exitosa, de campos tan diferentes, es que han trabajado duro para llegar adonde están. Tanto si son empresarios, maestros, pensadores o líderes políticos, se las han arreglado para tener gente. Gente con ideas similares que comparten supunto de vista: pensar que ellos también pueden lograr lo que sus mentores han logrado.Los líderes mundiales son nuestros mentores, ellos nos ayudan a soñar y darnos cuenta de la fuerza de nuestros sueños. A través de sus luchas y sus palabras inspiradoras, podemos creer en nosotros mismos y que también podemos llegar a donde ellos están.

Así que, ¿que tienen de particular estas personas, estos líderes, que nos impulsa a creerles y seguirles?

Capítulo 3

Las cualidades de un Gran Líder

Estos líderes mundiales, del pasado y del presente, prósperos e inspiradores en sus propios campos (política, economía, negocios u otros) tienen algunas cosas en común. Estas cosas son las cualidades que ellos poseen: las cualidades básicas que los separan de miles de personas. Estas cualidades de los líderes mundiales impulsan a los demás a escucharles, creer en ellos y seguir sus palabras y acciones. Un líder es una persona que siente y se ve igual que el resto, como cualquier otro ser humano en el planeta, pero que se diferencia porque posee un único set de atributos que no todos tienen.

Así que, ¿Cuáles son estas cualidades?

- **Dedicación**

¿Qué es un líder sin dedicación a aquello que quiere inspirara que otra persona haga? Alguien que puede soñar en grande, pero puede que nunca realice ese sueño.

Ese no es un atributo que vemos en un líder. La gente responderá automáticamente mejor a un líder que no solo sueña y planea sus metas, sino que se mantiene dedicado a cumplirlas. Un líder que no es devoto a sus objetivos no sería capaz de inspirar a otros a seguirle ni a influirles para que acepten sus lineamientos y direcciones. ¿Por qué la gente seguiría a alguien que solo trabaja a medias para tener éxito y no está dispuesto a darle a su sueño el 100%?

La respuesta es que no lo harían. Es la dedicación y el entusiasmo que vemos en una persona lo que nos inspira a seguirle, a creer en que será capaz de trabajar con todas sus fuerzas en nuestros sueños y metas para hacerlos realidad. Cualquier otro, que nos solicite seguirle o aceptarle, y espere nuestra dedicación sin dar señal de la suya propia, no es un líder que tendrá éxito o inspirará asombro.

- **Decisión**

Una de las cosas que ansiamos en un líder

es la habilidad de tomar las decisiones correctas en el momento correcto, cuando todos los demás están aún en un estado de confusión o incertidumbre.

Los líderes son los que tienen la decisión final, **esa siempre es la norma.**Los seguidores trabajan junto al líder para hacer el sueño realidad, pero es siempre el líder entre ellos el que dará las últimas palabras al respecto, por lo que un líder que no es decisivo en el proceso, sino más bien vacilante, no es alguien que inspira confianza en los demás.

Muchas veces un líder debe tomar decisiones difíciles. En ciertas situaciones, pueden necesitar tomar decisiones particulares que parecerán no ser las más fáciles, pero lo harán con la mejor intención de beneficiara todos. Una persona que puede tomar decisiones como esas, sin vacilar y en el momento indicado, es un verdadero líder.

- **Honestidad**

La honestidad es una cualidad valiosa para

todos y más importante aún para un líder. Si una persona no es honesta, tanto consigo misma como con los demás, no será alguien de confiar. La gente busca un líder en quien puedan confiar y que sea merecedor de su confianza. Un líder deshonesto, no importa que tan carismático o influyente sea, no es alguien que pueda mantener la confianza de sus seguidores por mucho tiempo.

¿Cuál fue el Presidente más influyente, poderoso y amado de los Estados Unidos de América? Abraham Lincoln, por supuesto; ¿y cuál era su apodo? 'El Honesto Abe'. Incluso si no sabías quien fue Abraham Lincoln, ¿No te da su nombre una sensación de que serías capaz de creer en él? Abraham Lincoln sin la etiqueta de 'El Honesto' es aún un gran hombre, pero es el apodo el que le dio la credibilidad extra.

Cualquier relación, ya sea personal, profesional o entre un líder y un seguidor, necesita ser construida sobre la confianza. Si alguien no parece ser honesto y de confianza contigo, entonces toda palabra que salga de su boca tampoco sería algo que puedas creer y seguir con todo el corazón. No basta solo con parecer honesto, porque sus seguidores se darían cuenta tarde o temprano, de la persona que hay dentro, del individuo que está intentando parecer realista pero no lo es. Un líder diseñado para la grandeza necesita ser honesto, verdadera y genuinamente honesto, en sus palabras y acciones. Un líder tiene el poder de iniciar una acción a través de sus palabras y directrices y una persona que tiene tanto poder en otros necesita ser, sobre todo lo demás, sincero, honesto y directo.

- **Confianza**

Incluso en los momentos más inciertos, a la gente le gusta seguir a alguien que parece ser el más confiable, el más seguro de lo que hacen o van a hacer.

Tomar las decisiones correctas e inspirar a los demás no será suficiente si no se hacen con la confianza adecuada. Un verdadero líder no solo tiene que tener fe en sus decisiones e ideas, sino ser capaz de demostrarla a otros. Un buen líder debe, por lo tanto, tener confianza en todo momento. Es su confianza en sí mismo y sus acciones lo que impulsará a los otros a responder su guía.

Las cosas pueden no ir según el plan. Es raro que lo hagan en la vida real. No obstante, al encarar los problemas y la adversidad, el líder que comienza a dudar y titubear no es alguien que pueda seguir liderando. La confianza en él debe ser inquebrantable durante la adversidad, su seguridady equilibrio mental debentambién ser lo suficientemente convincentes para motivar a otros.

La verdad, un verdadero líder no solo debe empoderarse a sí mismo y a sus acciones, sino ser tan contagioso como para que los que le rodeen tengan confianza. Un líder con confianza atraerá fácilmente a los otros hacia él, quienes irán en busca de consejos y sugerencias, especialmente por parecer seguro de sus creencias y acciones.

- **Compromiso**

El compromiso es otro atributo que es raro en la gente, pero indispensable en un líder. Un líder que no muestra compromiso por su trabajo no puede ser alguien que los demás quieran seguir. Una persona que comienza algo y entonces decide olvidarse de ello cuando surge un problema, no es un líder real. Debe estar comprometido con su trabajo y con lo que les prometió a sus seguidores.

Si un líder quiere que sus seguidores se esfuercen para conseguir una meta, entonces él debería ser el que ponga el ejemplo. Es el compromiso a una causa lo que inspirará a otros a unirse y seguirle.Para un trabajador o seguidor, nada es más motivador que un líder comprometido con la misma causa por la que él trabaja día y noche para hacerla realidad.

Eso es lo que hace a un verdadero líder: el compromiso absoluto a su trabajo, a sus sueños, a sus metas y a la gente que sigue sus lineamientos.

- **Comunicación**

La comunicación es algo en lo que un líder necesita ser fluido, y esto incluye ser capaz de comunicar a través de sus palabras y acciones.

Las palabras, perfectamente posicionadas en el momento, intensidad y emoción correctos, son las armas más grandes de un líder. Son sus palabras las que transmitirán su mensaje al resto del mundo, a aquellos que fueron inspirados por él, le siguen y respetan.Su forma de comunicarse es una forma de manifestar los otros atributos que él posee: su honestidad, compromiso, dedicación y confianza.

Las palabras no son suficiente si las acciones de la misma persona no van con ellas, ya que las acciones de una persona son otra parte importante de la comunicación. No sirve hablar de dedicación y honestidad situs acciones demuestran lo contrario. Por lo tanto, las palabras y las acciones juegan papeles complementarios cuando se trata de habilidades de comunicación efectiva en el liderazgo.

- **Optimismo**

El optimismo también es esencial cuando se trata de liderazgo exitoso. Un verdadero líder debe tener confianza de cada paso que da en su camino, inclusive cuando todo se ve sombrío e imposible.

Un líder, ya sea un político, una persona de negocios o un pensador social, necesita mantener alto el espíritu de los demás, especialmente cuando las posibilidades son pequeñas, y eso solo es posible cuando él, por sí mismo, mantiene una apariencia positiva. Cuando el avance es difícil, depende del líder mantener los niveles de energía al ser positivo por sí mismo; de otra forma, su negatividad afectará a los demás a su alrededor. El que todos en el equipo se mantengan felices, optimistas y alegres, es una vía más segura al éxito que asumir que nada va a funcionar y que todo está condenado.

Estas son algunas cualidades que harían sobresalir a cualquier persona del resto, pero un líder, alguien que está destinado a liderar, inspirar y producir un cambio, necesita ser maestro en la mayoría de ellas, sino en todas. Estas características en una persona son algo que los demás respetarían y seguirían y son lo que harían a alguien un verdadero líder.

Capítulo 4

¿Quién es un Líder Innato?

Todos hemos escuchado de alguien que es descrito como un "Líder Innato".

¿Qué significa este término "Líder innato"? ¿Significa que un grupo de gente nació en este mundo con todas las cualidades que acabamos de leer en el capítulo anterior? ¿Significa que esta gente, estos líderes innatos, saben desde el momento en que nacieron que ellos van a ser alguien especial en el mundo? O ¿Significa que esta gente, que nació con algunos atributos específicos, decide liderar a otros en un momento particular de su vida?

Veamos lo que el término "Líder innato" puede significar para nosotros.

¿Tienes que ser un "Líder Innato"?

Lo que yo pienso es que, cuando llamas a alguien "Líder Innato", con la idea de nacimiento, viene la idea de herencia. ¿Puede alguien que nació para ser un líder no estar relacionado con una familia de líderes? ¿Es eso común? ¿Acaso vemos a todos nuestros líderes surgir de familiasde otros líderes?

Pues, ese no es el caso la mayoría de las veces. Hemos visto líderes que vienen de muchas familias y trasfondos diferentes. Familias de políticos vieron nacer a grandes líderes políticos en algunos casos; de la misma forma, vemos familias de magnates donde tanto los padres como los descendientes conquistaron el mundo de los negocios.

Por supuesto, ¿Quién puede olvidar a Don Vito Corleone y su hijo, Don Michael Corleone?

Estas son, realmente, las excepciones a la norma y no la norma en sí misma. La mayoría de los líderes que vemos en el mundo moderno, así como en su historia, se las han arreglado para hacerse con la fama por su cuenta y sin la ayuda de familiares con renombre.

Por lo que llegamos a la conclusión de

quela herencia no juega realmente un papel vital para ser un "líder innato". Así que, ¿qué implica realmente este término?

Continuando, en un intento por definir si se necesita nacer como alguien especial para convertirse en un líder, supongamos que ser"líder innato" significa nacer con un conjunto único de cualidades y rasgos de carácter que no están presentes en todos los demás.

No obstante, el "conjunto único de características" del que hablamos aquí, las que hemos discutido en el capítulo anterior, realmente son cualidades muy comunes que pueden estar presentes en cualquier persona. Un montón de gente en este mundo son orgullosos propietarios de todas o la mayoría de estas características, pero no todos ellos son conocidos como líderes famosos. ¿Piensas que cada persona que posee estas cualidades en su haber se convierte o está destinado a convertirse en un gran líder alguna vez en su vida?

¡No!, no necesariamente. Todos podemos nombrar a unas pocas personas que conozcamos que tenían todas estas cualidades, y más, y decidieron vivir vidas tranquilas de desarrollo y realización personal. No todos los que han tenido este conjunto único de cualidades y una personalidad fuerte están destinado a liderar una nación, a un grupo o incluso un gran negocio.

Eso nos deja con la noción de que ser un líder innato significa que estos atributos particulares de los que hablamos deben estar presentes y ser muy visibles en una persona desde su niñez. ¿Es este usualmente el caso?A veces, pero no usualmente. ¿Cuántos líderes que ha visto el mundo han tenido un inicio temprano en la vida? ¿Cuántos de ellos han mostrado su genio estando en el jardín de infancia, escuela o preparatoria? No tantos, apartando unos pocos ejemplos.La mayoría floreció y llamó la atención del mundo más tarde en sus vidas, ya siendo adultos maduros.

Personalmente, yo no creo en el "mito" del líder innato. No creo que los líderes, o al menos la mayoría de ellos, hayan nacido en su grandeza, sino que la obtuvieron a lo largo de su crecimiento en el liderazgo y aprendiendo a guiar a los demás.

Eso nos lleva a otra pregunta: Si el liderazgo no es natural e intuitivo, ¿Puede cualquiera convertirse en líder?

Capítulo 5

¿Puede cualquiera convertirse en Líder?

¡Técnicamente si y no!

Lo que yo creo es que casi todo el mundo tiene el potencial dentro de sí mismo para convertirse en un líder, la mayoría no son conscientes de ellos, y por eso eligen no ejercer sus deseos de ser líder.

Todo depende de cómo túdefines la palabra "líder". Si usas la palabra "líder" para hablar de alguien que puede dar las órdenes necesarias para que otros las sigan, entonces es posible que casi todos nosotros podamos eventualmente convertirnos en líderes algún día. Sin embargo, si el término líder significa algo serio para ti, si relacionas la palabra con personalidades como Nelson Mandela y Abraham Lincoln, y no con empresarios locales o dueños de negocios pequeños en tu vecindario, entonces ¡No! No todo el mundo puede convertirse en un líder.

No aparecen nuevas personas como

Nelson Mandela, Abraham Lincoln o Winston Churchill todos los días, y tampoco lo hacen magnates de negocios como Donald Trump, Warren Buffet y Bill Gates. No, yo creo que ellos son personas especiales. Ellos pueden ser realmente los líderes que siempre hayan estado destinados a cambiar el curso de la historia, en los campos de la política, economía, sociedad y negocios. Pero ¿Son ellos los únicos líderes en el planeta? ¿Son los únicos sobre los que leemos en los libros de historia y en Wikipedia? ¿Son acaso las únicas personas que pueden ganar el título de "Gran Líder" y por lo cual estemos leyendo y aprendiendo sobre ellos los próximos cientos de años?

¿Qué hay de los líderes que no han alcanzado tal nivel de fama? Los que, sin embargo, trabajan con todas sus fuerzas para traer un cambio en sus campos de experiencia. Los que no entrarían en los libros de historia, pero se las arreglan para hacer sus sueños realidad, así como los de las personas que les siguen y respetan. Me refiero a los trabajadores sociales que motivan a la gente a dar retribuciones a la sociedad; a los empresarios que inspiran a los más jóvenes a comenzar su propio negocio; deportistas y atletas que enseñan a los otros a ser lo suficientemente valientes para seguir sus sueños; profesores que instan a sus estudiantes a construir un futuro brillante; CEOs y MDs que pueden guiar eficientemente a sus empleados para que trabajen arduamente por la compañía que aman y aprecian; líderes espirituales que le dicen a la gente cómo escuchar su yo interior; y mucha más gente a nuestro alrededor que nos ha liderado y guiado todos estos años hacia el éxito, conocimiento, prosperidad y a cumplir nuestras metas. Si, tú también puedes convertirte en un líder si consideras a estas personas líderes, además de las personas que han logrado que el mundo entero conozca sus palabras, acciones, sueños y esperanzas. Así que, ¿qué te detiene?

¿Puedes convertirte en un líder también?

Sí, si puedes, y si has pensado antes de

otra manera, es posible que haya algo que te esté deteniendo.¿Cuáles pueden ser estos obstáculos?

La mayoría de las barreras presentes en tu camino para convertirte en el tipo de líder que tú mismo seguirías están en tu interior. Obstrucciones dentro de tu mente que te están deteniendo. Todo lo que necesitas es superar a esas voces dentro de ti que dicen que no puedes hacerlo por ti mismo o que no eres lo suficientemente competitivo para llegar a ser un verdadero líder.

Tú también puedes ser un líder, simplemente siguiendo algunos consejos sobre cómo desarrollar habilidades de liderazgo, como veremos en el próximo capítulo.

Capítulo 6

Preparándote para el Liderazgo

Como adulto, tú guías a los demás miembros de tu familia; si eres un padre, también lideras a tus hijos. En la preparatoria, probablemente lideraste a tus compañeros de clase a través de varios proyectos, o tal vez has dirigido un pequeño grupo de amigos cuando se organizó la competencia anual de debate.

Probablemente has conducido a tus amigos por un trayecto de senderismo o a tus padres en un viaje vacacional. Incluso en el trabajo, has hecho el papel de líder momentáneamente cuando discutiste un nuevo proyecto en una conferencia o cuando guiaste a los otros miembros de tu departamento para que trabajaran por tu proyecto soñado.

El punto es: todos hemos, consciente o inconscientemente, actuado como líderes en alguna situación de nuestras vidas, aunque de una manera sutil.Todos hemos sido líderes, y unos muy buenos, en algún momento, y si lo hemos hecho una vez, seguramente podemos hacerlo de nuevo.

No necesitas estar a cargo de un gran equipo, que siga tus directrices sin hacer preguntas, para ser considerado un líder, aunque ese sea tu objetivo al final. No necesitas a un grupo de personas que te alienten y sigan cada palabra para saber que eres un líder exitoso. Lo sabrás por ti mismo cuando veas que has logrado motivar a un grupo pequeño de personas y que estos te respetan y te admiran.

Prepárate a ti mismo

Un buen líder es una mezcla de un puñado de buenas cualidades: honestidad, dedicación, compromiso, confianza, decisión y algo más. Este concepto de "algo más" es lo que te diferenciará del resto y ahora aprenderemos algunas formas por las que te puedes preparar para ser un buen líder.

•Analízate honestamente

Antes de que comencemos este viaje, el

primer paso es examinarte a ti mismo, de la forma más honesta posible. Haz una lista con todas tus fortalezas y debilidades, para que puedas ver adecuadamente la persona que eres. Pregúntate:

- *¿Soy introvertido o extrovertido?*
- *¿Puedo hablar con extraños o me siento incómodo y tímido?*
- *¿Puedo hacer amigos rápidamente?*
- *¿Soy Bueno dando consejos a otros?*
- *¿Soy una persona segura o negativa?*
- *¿Soy Bueno resolviendo problemas?*
- *¿Aprecio a las demás personas?*
- *¿Escucho y acepto las ideas y opiniones de otros?*
- *¿Estoy abierto a críticas constructivas?*
- *¿Soy responsable y tomo la responsabilidad por mis acciones?*

- *¿Estoy abierto a nuevas ideas y procedimientos?*

- *¿Soy servicial y cooperativo?*

En estas preguntas yacen las respuestas no solo al tipo de persona que eres, sino también del tipo de líder que puedes llegar a ser. Las respuestas, si son dadas correcta y honestamente, indicarán las porciones de tu personalidad en que necesitarás trabajar antes de convertirte en un líder.

Si eres introvertido, necesitas comunicarte un poco más. También si titubeas al hablar con gente desconocida o si no haces amigos con facilidad. Si no respondes a un consejo o crítica útil, necesitarás cambiar eso.

Todos tenemos una idea de cómo debería ser un buen líder y, analizándonos a nosotros mismos, podemos juzgar exactamente cuánto nos falta para ser el líder que deseamos ser. Escudriñando nuestras deficiencias y atributos, rasgos personales y errores, podemos realmente conocernos y ver el tipo de líder que podemos llegar a ser algún día.

●Ten una visión clara

Cuando tratas de ser un líder eficaz, es evidente que debes tener un objetivo en mente.Tanto si tu visión es convertirte en el próximo gran líder político de tu nación, que tu negocio prospere o que tu comunidad sea una de las más exitosas de tu ciudad, necesitaras revisar cada paso cuidadosamente varias veces.

No basta solo con decir *"¡Voy a ser un gran líder!"* si no sabes a quien vas a guiar y hacia qué. Por otro lado, si tu pensamiento es *"Quiero ser parte de la política de mi país, para esto necesitaré unirme a mi consejo estudiantil local y lentamente trabajaré para subir de rango hasta que un día alcance el senado"*, será más fácil planear el curso de tus acciones a futuro. Si eres una persona de negocios y algún día quieres influenciar a tu sector, tu meta definitiva debería ser: *"Necesitaré motivar a mis empleados para que se apasionen por la compañía en que trabajan y juntos, algún día, seremos el mejor sector de la empresa"*. Con una visión tan clara como esa, te será fácil seguirla y explicarla a los demás.

- **Comienza lentamente**

Cualquiera que sea tu visión en la vida, siempre es aconsejable comenzar poco a poco. El día después de empezar no esperes que miles de personas te presten atención automáticamente y te sigan. Eso ocurrirá eventualmente cuando avances en tus objetivos.

El liderazgo toma tiempo y, si no eres lo suficientemente dedicado y comprometido, será lento llegar al lugar donde quieres estar Si esperas un salto milagroso, todo lo que encontrarás es decepción y frustración. Otros no te seguirán o respetarán solo porque se los pidas. Lo harán después de que hayan visto que luchas por un resultado, utilizando todas tus fuerzas y concentración, para lograr un objetivo por el que ellos también luchan. Te verán vacilar, caer y finalmente alcanzar el éxito y después, cuando noten tu devoción, comenzarán a considerarte un líder digno de seguir.

Así que ve lento, no tomes atajos. El verdadero camino al liderazgo es largo y estrecho, y para ser un líder que inspire asombro y respeto tienes que tomarlo.

Ahora que te has preparado, es hora de tomar el siguiente paso para convertirte en el líder que puedes llegar a ser.

Capítulo 7

Desarrollando las habilidades de un Líder

Un líder posee muchas habilidades y cualidades, varias de las cuales necesitas desarrollar con el fin de ser el líder que en el que siempre has soñado convertirte. En este capítulo discutiremos los rasgos que te prepararán para ser un líder exitoso.

- **Vive según la moral que predicas**

Como líder, tus palabras son importantes, pero también lo son tus acciones. Mientras transmites el mensaje de esfuerzo y dedicación, no te quedes en la tarima mientras los demás hacen todo el trabajo. Como un verdadero líder, tu lugar esen las trincheras junto al resto, incluso si eso significa que tendrás que trabajar más duro que nadie más. Cuando los comandantes de la armada lideran una expedición, ¿Solo les dan la orden a sus soldados de avanzar mientras ellos se sientan y se relajan?¡No! Ellos son usualmente los que caminan delante del resto, al frente de los soldados a los que les han ordenado pelear. Es su coraje y determinación para trabajar lo que motiva a los soldados y lo hace un gran líder.

Como un líder político o empresario, también deberías actuar al lado de tus empleados y trabajadores. No puedes hablar de compromiso y honestidad si no compartes la carga. Tus seguidores estarán totalmente inspirados cuando te vean a su lado, trabajando tan duro como ellos, si no más.

- **Sé un ejemplo a seguir**

Intenta convertirte en el modelo que a ti te hubiera gustado seguir. Vive tal cual cómo quieres que tus seguidores te vean, que no sean solo palabras y promesas vacías.

Un verdadero líder no solo da el discurso, si no que da los pasos. Si buscas una sociedad conservadora, vive de esa manera; Si buscas que la gente dé ayuda a los que la necesitan, se tu exactamente quien lo haga. No puedes llamarte a ti mismo amigo de los pobres y necesitados mientras alardeas de tus riquezas.

Para ser un ejemplo a seguir necesitas ayudar a la gente, no ser alguien en quien no se pueda creer por su doble moral.Necesitas convertirte en un modelo que ellos admiren, en quien crean y deseen seguir con todo su corazón. De otra forma, te mantendrás en el anonimato para ellos, alguien que no conocen o no entienden lo suficientemente bien como para amar y admirar.

●**Sé comunicativo**

Mantén siempre la puerta de la comunicación abierta. Si eres el CEO de una gran corporación o la cabeza de un gran partido político, siempre debes estar disponible para todo aquel que te necesite.

Tus palabras siempre deben ser capaces de animarlos y apoyarlos; ellos necesitan entusiasmo y esperanza, más aún en los momentos difíciles. Tendrás que ser un consejero para todos cuando necesiten ayuda y un solucionador de problemas siempre que haya obstáculos. Nadie, sin importar que sea el empleado nuevo en tu negocio, el trabajador con remuneración mínima, un voluntario o un simpatizante, debería sentirse menos importante. Es tu trabajo como líder hacerlos sentir tan importantes como tú.

Aprende a aceptar tanto críticas como consejos, aprende a ser responsable por tus fallas y convertirlas en esperanza para el futuro. Tus seguidores, empleados y equipo de trabajo buscan tu orientación y consejo, y nunca deberías decepcionarlos.

- **Aprende a delegar y disciplinar**

Ser un líder no se trata solo de animar y apoyar, sino que también hay ocasiones en las que deberás ser estricto, especialmente al delegar trabajo a otros y al disciplinarlos.

Necesitas ser capaz de transferir las tareas correctas a las personas correctas. Incluso si no saben que tienen un talento especial que estás buscando en una persona, tienes que reconocerlo y entenderlo.

Un buen líder siempre identifica los talentos y cualidades escondidas en sus seguidores y saben delegarles los trabajos correctos. De esta manera tus seguidores se sentirán apreciados, empoderados e intentarán darte su mayor esfuerzo.

La disciplina es otra parte importante de ser un líder, y un buen líder sabe cuándo y dónde ejercer el control en su trabajo. Un ambiente relajado y flexible es todo lo que un trabajador desea, pero debe haber algo de disciplina para poder trabajar eficazmente en equipo. Cuando un líder ejerce control, debe ser en la cantidad correcta, no tanto como para exasperar a todo el mundo y no tan poco como para que sea inefectivo.

Una vez que lo hagas y veas a tus empleados o seguidores comenzar a responderte como líder, estarás lentamente creando tu camino hacia el futuro. Sabrás como convertirte en el líder que todo el mundo busca y con quien se sientan honrados de trabajar lado a lado. Ese es el tipo de líder en el que deberías trabajar duro por convertirte y así podrás un día ser también considerado como un ser humano ideal y alguien que haya cambiado la manera en la que vemos todo lo que nos rodea.

Conclusión

¡Gracias una vez más por descargar este libro!

Espero que te haya dado el conocimiento y las vías para convertirte en un líder eficaz. Alguien que será capaz de motivar a otros a seguir sus sueños y a hacer los cambios que desea en el mundo.

El siguiente paso es simplemente seguir los pasos descritos en el libro para convertirte en el líder que siempre deseaste ser y hacer todo lo que siempre has soñado.

www.ingramcontent.com/pod-product-compliance
Lightning Source LLC
Chambersburg PA
CBHW070031040426
42333CB00040B/1530